TROUPES D'OCCUPATION
DU MAROC

ÉTAT-MAJOR DU GÉNÉRAL
COMMANDANT EN CHEF

Organisation et Tactique de l'Infanterie au Maroc

CONFÉRENCE

FAITE AU CENTRE DE PERFECTIONNEMENT DE MEKNÈS

PAR

Le Commandant FABRE

COMMANDANT LE 2me BATAILLON DU 5me TIRAILLEURS ALGÉRIENS

— OCTOBRE 1918 —

Organisation et Tactique

de

l'Infanterie au Maroc

Messieurs,

Un certain nombre d'entre vous sont de nouveaux venus au Maroc et se sont sans doute demandé dans quelle mesure les méthodes de combat très scientifiques qu'ils ont vu employer au front de France étaient applicables au Maroc.

En réalité, il faut envisager la question de plus haut. Il existe entre les deux guerres, métropolitaine et coloniale, des différences importantes dans le but et dans les moyens.

En Europe, on recherche la destruction aussi rapide et aussi complète que possible des forces ennemies.

Dans une guerre coloniale, le but est la soumission des tribus et non leur destruction.

Nous combattons ici, en vertu d'un principe de civilisation et de progrès, des adversaires qui demain seront nos amis et nos associés et dont la race s'affirme intelligente, pleine de vitalité et d'énergie. Nous avons le devoir de les traiter sans provocations, sans brutalités et sans destructions inutiles. La force est employée concurremment avec les moyens politiques, en songeant toujours au lendemain.

Alors que la guerre métropolitaine met en jeu l'existence même du pays et nous interdit toute limitation des sacrifices, la guerre coloniale est une œuvre de vie et d'expansion qui doit économiser le sang de nos soldats et atteindre ses buts au moindre prix.

Le Général Lyautey a magistralement mis en lumière ce caractère de la guerre coloniale :

> « Négation de l'action de force préalable et violente, « celle qui économise au maximum l'effort et les risques « et les vies humaines, celle qui laisse après elle le moins « de dommages dès qu'il s'agit de construire ».

Dans la guerre métropolitaine, il faut obtenir le maximum de puissance absolue pour abattre un adversaire formidablement armé. Toutes les ressources de l'industrie nationale, tous les progrès d'ordre scientifique sont exploités sans autre limite que la possibilité de réalisation pratique.

Aux colonies, il n'en est pas de même. Nos moyens de combat ne sont qu'une très faible partie des ressources nationales, et les ressources complémentaires d'une jeune colonie sont des plus réduites.

Le problème militaire consiste à bien utiliser les unes et les autres pour en obtenir le maximum de rendement. Toute déperdition de force est une faute qui peut avoir de graves conséquences.

TACTIQUE DES MAROCAINS

Différant par le but et par les moyens d'action de la guerre métropolitaine, la guerre coloniale doit en outre adapter ses méthodes de combat à la nature de l'ennemi, à sa valeur militaire, à son armement et à sa tactique.

Les Marocains font preuve dans le combat d'une grande bravoure et d'un réel mépris de la mort ; ils sont armés de fusils à longue portée, pour la plupart à tir rapide, et leur tir est dangereux aux courtes et aux moyennes distances. Cavaliers audacieux, ils excellent dans l'utilisation du terrain.

Pendant notre marche en avant, ils n'osent généralement pas affronter le gros de nos forces, mais ils nous harcèlent de tous côtés et recherchent les occasions d'assaillir les petits groupes qui se trouvent sur les flancs ou à l'arrière ; lorsque nous nous replions ils nous attaquent en nombre et avec un extrême mordant.

Les Marocains ne font pas de prisonniers. Obtiennent-ils un petit succès, celui-ci est immédiatement amplifié, le butin et les dépouilles de ceux des nôtres tombés entre leurs mains sont livrés à la curiosité publique et promenés de tribu en tribu comme preuve tangible de victoire.

Les Marocains sont très jaloux de leur indépendance, mais ils ont le particularisme de la tribu et la résistance que nous avons rencontrée jusqu'ici a été localisée.

Depuis le début de la guerre et à l'instigation des Allemands, ils ont tenté à plusieurs reprises de coordonner leurs efforts ; ils n'y ont pas réussi, mais il est prudent de ne pas toujours compter sur un semblable manque d'entente.

Quant à leurs procédés de combat, ils sont déjà en voie d'amélioration ; ils savent maintenant se servir des tranchées et des flanquements et utilisent à l'occasion les mitrailleuses et les fusils-mitrailleurs qu'ils peuvent se procurer.

Ne les sous-estimons pas, tant qu'ils sont de l'autre côté de la barricade, ils ont prouvé à maintes reprises qu'ils étaient pour nous des adversaires sérieux.

DU GROUPE MOBILE

Pour les combattre, nous avons pour nous l'organisation, la discipline, la supériorité d'armement et il ne dépend que de nous d'avoir la supériorité numérique dans une zone déterminée.

Nos forces d'infanterie, de cavalerie et d'artillerie appelées à agir dans une même région ainsi que les services qui leur sont nécessaires constituent un ensemble appelé « Groupe Mobile » ou plus usuellement « Colonne ».

Le nombre de bataillons, d'escadrons, de batteries varie selon la mission à remplir.

Pour plus de clarté, nous prendrons comme base de notre exposé un groupe mobile formé de cinq bataillons, trois escadrons, quatre batteries.

Un tel groupement opérant dans une zone insoumise ne constitue qu'un *point isolé dans l'espace et doit se garder dans toutes les directions*. Force lui est donc de se pelotonner et de faire le hérisson pour mettre ses lourds impedimenta à l'abri de toute atteinte.

Telle est la raison d'être de ce dispositif en carré dit « *Carré de Bugeaud* », élargi en fonction de l'armement moderne, que vous avez vu opérer dans vos subdivisions respectives. Il est articulé en quatre groupes de combat dénommés respectivement : Groupe de tête ou avant-garde, groupe de flanc ou flanc-garde, groupe de queue ou arrière-garde. Chacun de ces groupes comprend un bataillon, un peloton de cavalerie, une batterie ou une section d'artillerie.

A l'intérieur de ce carré marchent le gros de l'artillerie, le bataillon de réserve d'infanterie, le train de combat du Groupe Mobile (ambulance et section de munitions), puis les T. R. et les convois.

A l'extérieur, un gros de cavalerie opère en liaison avec le gros, généralement sur un flanc.

Si les circonstances permettent de considérer une ou deux directions comme peu dangereuses, ou si le commandement veut se libérer de la suggestion de garder aussi étroitement son convoi, il le confie à un groupe spécial des trois armes appelé « *Groupe du Convoi* ».

Les autres groupes accompagnés seulement du train de combat constituent alors un « *Groupe de manœuvre* » capable d'une attaque plus puissante et plus rapide.

Telles sont, Messieurs, les caractéristiques de la guerre coloniale et le cadre dans lequel l'infanterie doit opérer.

Nous pouvons examiner maintenant l'organisation du bataillon d'infanterie et son emploi.

Organisation
du Bataillon d'Infanterie

Le bataillon est, au Maroc, la véritable unité tactique d'infanterie. Par son effectif (600 à 800 hommes) ; par son articulation (4 compagnies) ; par la puissance de son armement, il peut manœuvrer et combattre sur une étendue de terrain considérable, tout en ayant une capacité de résistance et une capacité offensive des plus sérieuses.

Renforcé par des éléments de cavalerie et d'artillerie, il constitue un véritable *groupe tactique* susceptible de remplir une mission isolée d'une certaine durée, ou une mission bien définie dans un ensemble (avant-garde, flanc-garde, arrière-garde).

Depuis quatre ans, l'armement de nos bataillons a suivi une évolution caractéristique. Avant la guerre il comprenait : 2 mitrailleuses et 4 compagnies de 4 sections de fusils. Il comprend aujourd'hui pour un effectif équivalent :

8 mitrailleuses, 16 fusils-mitrailleurs et 16 sections de fusils, soit 24 armes automatiques au lieu de 2.

L'arme automatique, collective et sans nerfs, a triomphé de l'arme individuelle, soumise aux émotions du combattant.

L'expérience de la guerre a montré qu'il fallait s'orienter résolument vers la recherche du progrès matériel, sous la réserve toutefois, que l'emploi de chaque engin nouveau soit soumis à une expérimentation sérieuse. Faute de procéder avec une rigoureuse méthode, on s'exposerait à dépasser le point au-delà duquel un progrès présente plus d'inconvénients que d'avantages.

On peut se demander si cette limite n'a pas été atteinte avec les faibles effectifs dont nous disposons actuellement. Nous ne le pensons pas.

Les armes automatiques exigent un personnel spécialisé relativement nombreux qui a dû être prélevé sur l'ensemble ; il en est résulté une diminution sensible de la force d'infanterie en baïonnettes, laquelle ne saurait être diminuée sans danger. L'ancienne section de 35 fusils est descendue à 25 : c'est là un minimum indispensable qu'il conviendra même de porter à 30 dès que les circonstances le permettront.

Un autre inconvénient du développement des spécialités provient de l'accroissement du nombre de mulets du train de combat des compagnies. Avec une section de mitrailleuses et quatre fusils-mitrailleurs, la compagnie doit emmener avec elle sous le feu une dizaine de mulets, qui, dans les mouvements de retraite, constituent une gêne sérieuse.

Malgré ces inconvénients, la *section de mitrailleuses de compagnie est très désirable* en raison de l'accroissement de puissance qu'elle procure à l'unité, et du rôle important que joue la compagnie au Maroc. Quant aux fusils-mitrailleurs, il serait nécessaire d'en posséder deux par section, mais la dotation actuelle de quatre fusils par compagnie est suffisante, tant que les effectifs du rang ne seront pas accrus.

En résumé, la compagnie d'un bataillon d'opérations au Maroc comprend :

Quatre sections de fusils de 25 hommes environ ;

Deux mitrailleuses (dotation partiellement réalisée dans la Subdivision de Fez) ;

Quatre fusils-mitrailleurs.

A cet armement principal il convient d'ajouter : un approvisionnement de *grenades V. B.*, utiles pour la défense des bivouacs, des grand-gardes et, d'une manière générale, de toute position en terrain accidenté.

Un approvisionnement de *grenades à main F 1.* et *O F.* pour débusquer les adversaires rapprochés au bivouac et empêcher les accrochages au corps-à-corps dans les replis.

Quelques grenades éclairantes et des cartouches à parachute V. B.

Un pistolet signaleur avec cartouches signaux ;

Un fusil de chasse avec cartouches.

Cet approvisionnement spécial serait porté par un mulet du train de combat au même titre que les organes défensifs, outils et réseaux Brun. Les grenades V. B. qui existent déjà rendent les plus grands services aux unités.

Chaque compagnie doit comprendre un personnel spécialisé pour ces différents engins ; elle doit posséder en outre une *équipe de signalisation* comprenant un gradé et deux hommes. Dans les opérations en pays montagneux que nous aurons à faire presque partout maintenant au Maroc, des procédés rapides de signalisation sont nécessaires entre les unités et le commandement du bataillon comme entre le bataillon et le commandement d'une colonne.

Le mode de signalisation à bras par signaux Morse avec des panneaux blanc d'un côté, rouge de l'autre, de 40 à 50 centimètres de largeur sur 70 centimètres de longueur donne des résultats excellents jusqu'à 1.500 mètres à l'œil nu, jusqu'à 2.500 mètres à la jumelle. La transmission d'un télégramme ordinaire demande au maximum cinq minutes, alors que l'envoi d'un cavalier ou d'un coureur en exigerait beaucoup plus ; le bénéfice est appréciable.

Pour la nuit, deux projecteurs de 24 pour le bataillon avec deux équipes bien dressées suffisent. Ils sont à exclure pendant le jour où les fanions donnent de meilleurs résultats.

Les moyens de communication plus perfectionnés tels que le téléphone sont à expérimenter plus complètement, mais ils ne paraissent pas indispensables au cours des opérations, où leur emploi a présenté jusqu'ici des difficultés sérieuses d'application.

EMPLOI TACTIQUE DE L'INFANTERIE

L'emploi de l'Infanterie au Maroc est dominé par deux principes fondamentaux : celui de la *sûreté* et celui du *soutien mutuel*.

Sans doute, en Europe, la sûreté est aussi nécessaire qu'au Maroc, mais les troupes sont encadrées et la sûreté est obtenue par un échelonnement en profondeur, uniquement dans la direction générale de l'ennemi. Au Maroc, cette sûreté doit être assurée *dans toutes les directions*, que l'on soit en marche, en station ou au combat.

La Cavalerie constitue le premier élément de cette sûreté avec ses patrouilles échelonnées en avant de l'Infanterie, mais on conçoit la fragilité d'un tel réseau. Cette surveillance est insuffisante pour mettre le gros à l'abri d'une surprise; il faut encore que la troupe soit dans un *dispositif d'approche* largement articulé lui permettant de prendre en temps utile *un dispositif de combat* dès le premier coup de fusil.

On serait tenté d'interposer entre la Cavalerie et le gros d'Infanterie des éléments de couverture tels que patrouilles ou éclaireurs.

En Europe, ces petits éléments de couverture ont leur justification ; ils évitent aux gros une surprise et les grosses pertes qui en résulteraient. Sous le feu si destructeur de l'ennemi, une troupe non couverte serait désorganisée avant même de pouvoir riposter. Les détachements de couverture ont pour but de lui éviter cette destruction, en se sacrifiant eux-mêmes, s'il est nécessaire ; si les hommes qui les composent sont tués, blessés ou faits prisonniers, la perspective de les voir tomber aux mains de l'ennemi, toute pénible et regrettable qu'elle soit, est normale.

Au Maroc, les conditions ne sont pas les mêmes. Devant un adversaire qui excelle dans la guerre d'embuscades et qui ne fait pas de prisonniers, nous n'avons pas le droit d'envoyer de petits détachements qui sont exposés à être assaillis par des forces supérieures ou à tomber entre les mains de l'ennemi. D'ailleurs la protection qu'ils procurent est aléatoire dans les terrains difficiles et n'est jamais nécessaire.

Le feu des Marocains n'est pas assez destructeur pour qu'une troupe qui marche en formation d'approche ou de combat soit gravement atteinte et désorganisée ; à la première décharge elle a quelques hommes tués ou blessés, mais ces hommes ne tombent pas entre les mains de l'ennemi et la troupe attaquée est prête à la riposte.

La solution marocaine du problème de la sûreté est selon nous, la suivante : Derrière la Cavalerie de sûreté immédiate, qui assure la surveillance rapprochée, le gros d'une troupe d'Infanterie ne se couvre pas par des détachements, mais, *marche en formation d'approche ou de combat*, prête à répondre du tac au tac à toute agression. Il peut en résulter parfois une fatigue plus grande pour la troupe, mais cela vaut encore mieux que la surprise et l'enlèvement d'un faible élément de protection.

Si le terrain est inaccessible aux chevaux ou si on opère sous bois, l'Infanterie doit assurer sa sécurité par ses propres moyens mais sans jamais détacher ni patrouilles, ni éclaireurs, ni reconnaissances.

Supposons une unité d'Infanterie marchant à flanc de coteau. Pour surveiller la crète qui la domine, elle détachera sa section d'aile toute entière, c'est-à-dire un gros paquet qui, marchant lui-même en *formation de combat*, ne peut être surpris et enlevé ; de plus, le gros est là tout proche, également en formation de combat, prêt à intervenir.

Au Maroc, il n'y a *pas de petits paquets, pas de reconnaissances, pas de patrouilles, pas d'éclaireurs*. Telle est la règle générale.

Le principe du *soutien mutuel* est non moins impérieux au Maroc que celui de la sûreté. Ils se complètent l'un l'autre.

Entre deux bataillons, deux compagnies et dans l'intérieur des unités, il ne doit exister aucun intervalle qui ne soit vu et battu par les feux ; sans une surveillance rigoureuse des intervalles, une unité peut être surprise sur un flanc et mise en désordre. Il faut qu'un sentiment de solidarité réelle unisse tous les éléments d'une colonne et inspire les dispositions de combat, que chacun ait toujours le souci très vif d'aider ses voisins et comprenne qu'il fait partie d'un ensemble dans lequel ne doit se produire aucune fissure. Soutien veut dire non seulement *liaison* mais aussi *coopération* étroite. Sans soutien on est exposé à une défaite et on laisse du matériel, des morts, des blessés, des vivants peut-être, aux mains de l'ennemi.

Nous devons tout faire pour empêcher un insuccès, car la crainte de tomber vivant ou blessé aux mains des Marocains pèse sur l'esprit de nos hommes et diminue leur valeur combative. Il nous appartient par notre esprit de prévision et nos procédés de manœuvre de leur ôter cette appréhension ; il faut qu'ils sachent surtout que chefs et camarades tenteront l'impossible pour les tirer d'une mauvaise situation.

Un échec militaire est en outre regrettable en raison de ses conséquences politiques. Notre prestige militaire en sort diminué, l'hostilité des tribus augmente et il nous faut ensuite faire des sacrifices nouveaux pour les amener à composition.

Nous allons maintenant examiner la manœuvre de l'Infanterie dans les cas principaux qui se présentent au Maroc : avant-garde, flanc-garde, arrière-garde, défense des camps et actions de détail.

a) GROUPE AVANT-GARDE (Combat offensif)

Le bataillon chargé d'une attaque déploie habituellement 3 compagnies et en conserve une en réserve ; chaque compagnie de première ligne conserve de même une section.

Le but est de conquérir la position ennemie avec le moins de pertes possible.

L'attaque doit être rapide. — Les Marocains ont un tir peu dense ; plus une troupe reste sous leur feu plus elle reçoit de balles et plus elle a de pertes. La troupe qui avance impressionne les Marocains et dérègle leur tir ; si elle s'arrête et se couche, les Marocains font un tir plus ajusté et plus efficace.

Une attaque rapidement menée permet en outre à l'artillerie d'exécuter, pendant le cours de l'attaque, un tir plus intense. C'est en effet à cette arme qu'il appartient d'appuyer l'attaque depuis son déclanchement jusqu'à l'assaut; il n'y a de préparation préalable que s'il s'agit de détruire des tranchées ou de faire des brèches. Cet appui de l'artillerie est capital, toutes les batteries disponibles y sont consacrées, les objectifs sont répartis entre elles, l'intensité du feu réglée au fur et à mesure de la progression de l'infanterie proportionnellement à l'importance des objectifs ou à la résistance rencontrée ; plus cet appui est efficace, plus l'infanterie peut progresser aisément, peut être même sans arrêt.

Il pourra pourtant arriver en terrain accidenté que quelques objectifs ne soient pas vus de l'artillerie ; dans ce cas l'infanterie doit appuyer son mouvement par son propre feu. Chaque compagnie recherche alors un emplacement permettant aux mitrailleuses de tirer par dessus les troupes, comme le fait se présente fréquemment en pays de montagne, où l'on attaque des hauteurs formant écran.

Le commandant du bataillon peut de même placer la compagnie de réserve avec sa section de mitrailleuses sur une position analogue, permettant d'appuyer l'ensemble de l'attaque.

Si le terrain est plat ou à peine montueux et que le tir par dessus les troupes soit impossible, c'est le feu de la ligne d'infanterie elle-même qui sert à appuyer le mouvement en avant, *feu des fusils mitrailleurs* qui placés par équipes de deux dans les intervalles largement calculés de sections, accompagnent l'infanterie et procèdent par rafales courtes : on évitera de faire tirer les sections de fusils, qu'il y a intérêt à considérer comme des soutiens de baïonnettes et des réserves de feux.

Les arrêts doivent être *aussi courts que possible*, cinq minutes suffisent généralement pour exécuter les feux nécessaires et faire souffler les hommes; *les bonds sont aussi longs que possible*, 100 à 200 mètres, et déterminés par les accidents du terrain, ils sont exécutés par *compagnies entières*.

Dans son secteur d'attaque, chaque commandant de compagnie est libre de porter sa section de mitrailleuses sur la ligne pour avoir un appui de feux plus efficace, mais il vaut mieux l'éviter ; la section de mitrailleuses marchant en 2e ligne, sa mise en batterie sur la 1re ligne exigerait un certain temps et prolongerait la durée de l'attaque; si elle ne peut tirer par dessus les troupes, elle constitue alors une puissante réserve de feux qui prendra toute sa valeur plus tard sur la position conquise.

Ainsi appuyée par des feux d'artillerie, éventuellement par les fusils-mitrailleurs et les mitrailleuses, l'infanterie peut annihiler en grande partie le feu adverse et marcher d'un mouvement rapide.

Si elle veut avoir le minimum de pertes, il faut en outre qu'elle ait des *formations peu vulnérables*. Sur le front français, l'unique formation de combat employé est la *ligne de tirailleurs à 4 ou 5 pas* qui n'a guère plus de vulnérabilité que celle de l'homme isolé. Au Maroc, il convient de l'adopter également, bien que le feu adverse n'ait pas la même intensité; elle donne une cohésion suffisante et permet à une unité de tenir un grand front. Nous pensons toutefois qu'il convient d'avoir une deuxième formation de déploiement *à 2 pas* ; elle a plus de vulnérabilité mais aussi plus de cohésion, et trouve un emploi fréquent au Maroc, dans les terrains difficiles, rocheux et boisés, ou lorsqu'une troupe est jeune, mal confirmée, ou insuffisamment encadrée.

Il n'est pas sans intérêt d'examiner d'un peu près le mécanisme intérieur des compagnies pendant le mouvement offensif :

Les compagnies de première ligne partent de la formation de rassemblement en *ligne de sections par* 2 (1) pour prendre la formation d'approche en *ligne de sections par* 1, puis la *ligne de demi-sections par* 1 (2), et enfin la formation de *combat en tirailleurs à 5 pas* ou exceptionnellement à *2 pas*. Les équipes de fusils-mitrailleurs marchent dans les intervalles de la première ligne, où on leur réserve 25 à 50 pas entre les sections ; la section de mitrailleuses marche à 100 mètres derrière la section de droite ou de gauche ; le capitaine à 100 pas en arrière du centre suivi de ses agents de liaison et de ses signaleurs; le T. C. à 100 pas en arrière de lui encadré par la section de réserve en ligne de demi-sections.

Le capitaine commande la compagnie par l'intermédiaire de sa section de base ; celle-ci est actionnée au sifflet et au geste, et les sections d'ailes se conforment à son mouvement. Ce procédé de commandement, emprunté aux anciennes évolutions de la cavalerie, permet au capitaine de manœuvrer sa compagnie, même sous le feu, avec une aisance et une sûreté incomparables ; je me permets de vous le signaler en raison de l'abus fréquent que l'on fait des agents de liaison à pied dans l'intérieur des unités, ce qui est une cause de lenteur et de malentendus.

---

(1) C'est à dessein que nous considérons au Maroc la ligne de sections par 2 comme une formation de rassemblement et non comme une formation d'approche.

(2) La ligne d'escouades est inutile au Maroc.

Dans chaque section, l'alignement et les intervalles sont rigoureusement maintenus ; les serre-files responsables de l'exécution des mouvements doivent faire preuve d'une *énergie implacable*. Retenez ce terme du nouveau manuel que je suis heureux d'y trouver. Il n'y a pas de cohésion ni de manœuvre rapide sous le feu, sans une discipline du rang rigoureuse.

Ainsi articulée, une compagnie de 150 hommes ayant quatre sections de 20 à 25 fusils occupe un front de 400 pas si elle est au centre, 350 si elle est à une aile, ce qui donne un front de 1.500 pas pour un bataillon, soit 1.200 mètres environ. Ce chiffre peut être considéré comme un maximum, il correspond à un déploiement à 5 pas et à un intervalle de 200 pas entre les compagnies. Si on présume d'une résistance sérieuse, il y a lieu de réduire l'intervalle entre les unités de manière à avoir une ligne de compagnies mieux soudées.

Dans un tel dispositif, le soutien mutuel est parfaitement réalisé au départ ; il appartient au commandant du bataillon de l'assurer en cours de combat, en arrêtant momentanément l'unité qui se trouve à plus de 200 mètres en avant de la voisine, retardée par les difficultés du terrain ou une résistance inattendue. Dans ces limites, il n'y a qu'un échelonnement sans inconvénient ; au-delà, il y aurait une solution de continuité qui pourrait devenir dangereuse.

Chaque unité étant orientée sur son point d'attaque, il appartient en outre au chef de bataillon d'assurer la *sécurité des flancs*. Dans un groupe de tête, les deux flancs sont en l'air et un intervalle de 5 à 600 mètres les sépare des groupes de flanc. Il faut de toute nécessité que ces trouées soient défendues contre toute menace : la cavalerie du groupe en assure la surveillance, mais seulement par quelques patrouilles. Rien ne serait plus imprudent pour l'infanterie que de se reposer sur cette sécurité apparente pendant qu'elle est engagée sur son front. Loin de moi la pensée de supposer que la cavalerie peut mal remplir sa mission de surveillance, sa présence est toujours nécessaire et appréciée, mais il faut que l'infanterie sache bien qu'il ne s'agit là que d'une *surveillance* et non d'une résistance, et que d'ailleurs la surveillance si vigilante soit-elle, peut être mise en défaut par les accidents du terrain. Il est donc nécessaire que l'infanterie assure elle-même et automatiquement sa protection contre une menace éventuelle sur un flanc.

Nous préconisons pour chaque compagnie d'aile un échelon de section dit « *garde-flanc* » qui marche en colonne par un à deux pas, avec cinquante pas d'échelonnement en largeur et en profondeur et dont l'unique mission est de protéger le flanc. Si une menace plus sérieuse se produit, les fusils-mitrailleurs et la section de réserve de la compagnie sont à portée immédiate du flanc ; la compagnie de réserve elle-même, s'il était nécessaire, interviendrait. L'essentiel est d'avoir un élément d'infanterie qui soit prêt à agir instantanément sur le flanc, avec des renforts immédiats à portée.

Le dernier acte de l'attaque est *l'assaut*, assaut à la baïonnette, au pas de charge, puis au pas gymnastique. Cet assaut part de la dernière position de tir, il est protégé par l'artillerie, si la chose est possible, sinon par les mitrailleuses qui restent en position, et les fusils-mitrailleurs qui exécutent un tir en marchant et en fauchant, contre les défenseurs les plus obstinés. Si ce tir n'est pas très efficace, il n'en a pas moins pour effet de faire siffler des balles à l'oreille des défenseurs déjà ébranlés, et d'enlever toute précision à leur tir.

Aussitôt arrivées sur la position conquise avec les sections d'infanterie et les fusils-mitrailleurs, les unités procèdent à *l'occupation* rapide et méthodique de la *position* pour poursuivre de leurs feux l'ennemi en fuite ; les mitrailleuses rejoignent sans retard.

Cette occupation simple en théorie, présente pratiquement quelques difficultés sur lesquelles j'attire votre attention.

Le terrain sur lequel on arrive est inconnu dans ses détails, d'où généralement des hésitations et des flottements dans les unités. Un commandant de compagnie ne peut donner immédiatement des ordres pour l'occupation d'un terrain qu'il ne connaît pas lui-même, et qui se présente différemment sur les différents points du front de l'unité. C'est, en réalité, l'affaire des chefs de section. Fréquemment les sections progressent d'elles-mêmes jusqu'à la crête militaire qui leur donne des vues étendues ; cette manière d'opérer qui paraît logique, entraîne de graves inconvénients ;

les fractions poussées ainsi en avant tombent sous le feu d'adversaires placés sur une position plus éloignée ou embusqués dans un angle mort ; elles gênent presque toujours le tir des mitrailleuses ou des fusils-mitrailleurs qui, eux, se sont arrêtés dans le voisinage de la crête topographique. Pour éviter des pertes inutiles et obtenir sans retard une poursuite par le feu, il convient que chaque élément s'arrête sur la *crête topographique* ou sur une crête au-delà, mais très voisine. Qu'importent les angles morts ou les couloirs mal vus qui sont en avant ; on a beaucoup mieux à faire en tirant sur les fuyards ou les occupants de la crête suivante. De ces angles morts on ne craint rien et on est toujours à temps d'y cueillir les retardataires qui y seraient restés : inutile de s'exposer à leurs coups par une avance prématurée.

La position ainsi occupée « grosso modo » mais rapidement, le commandant de l'unité complète son installation défensive, rectifie les positions d'arrivée, et assure les flanquements. Il reconnaît soigneusement à la vue le terrain en avant et les dispositions nouvelles de l'ennemi.

La marche sur de nouveaux objectifs exige un regroupement des unités du bataillon, et un bond en avant de l'artillerie. C'est une nouvelle opération offensive qui présente les mêmes caractères que celle que nous venons d'esquisser.

b) GROUPE FLANC-GARDE

La manœuvre du groupe flanc-garde présente des difficultés sérieuses.

Attaqué sur son flanc, il doit à la fois combattre et se conformer au mouvement en avant de l'ensemble. Cette double tâche est rendue difficile en raison de l'échelonnement en profondeur parfois considérable des unités. Cet échelonnement est fonction de la longueur des organes à couvrir (trains de combat du groupe mobile et convois); les compagnies peuvent se trouver à 500 mètres de distance l'une de l'autre et même momentanément séparées par des obstacles du terrain; dans ces conditions, *l'appui mutuel* qu'elles peuvent se donner peut devenir *intermittent*. Pour remédier à cet inconvénient, chacune d'elle doit avoir un dispositif de marche et de combat parfaitement soudé dans toutes ses parties, de manière qu'à tout instant elle soit à l'abri d'une surprise, et présente le maximum de puissance à l'agression d'un ennemi, même très supérieur en nombre.

Le bataillon flanc-garde, renforcé d'artillerie et de cavalerie, dispose de trois compagnies en première ligne, d'une en réserve; chaque compagnie a une section en réserve.

Afin d'assurer un certain flanquement entre les unités, il y a intérêt à prendre, toutes les fois que le terrain le permet, un dispositif échelonné entre les unités ou dans l'intérieur de chacune d'elles. Ce dispositif laisse à chaque unité une liberté de manœuvre complète et favorise l'emploi des feux dans toutes les directions dangereuses, en avant et sur le flanc pour la compagnie de tête, en arrière et sur le flanc pour la compagnie de queue; ces compagnies extrêmes sont en outre en mesure de mieux flanquer les intervalles qui les séparent des groupes voisins. Dans un terrain très accidenté, le groupe flanc-garde ne peut souvent utiliser qu'un seul sentier ; il perd, dans ce cas, le bénéfice de l'échelonnement.

Examinons les incidents qui peuvent se produire. Le groupe mobile marche en dispositif ouvert, et de petits groupes ennemis le harcèlent à coups de fusils sur son flanc. Le groupe flanc-garde ne peut s'arrêter, ce qui entraînerait l'arrêt du gros, il doit continuer à marcher; mais d'autre part, il est inadmissible qu'il reçoive des coups sans en donner, et subisse passivement des pertes. Chaque unité doit désigner à l'avance de petits éléments destinés à prendre position pour riposter aux gêneurs; les fusils-mitrailleurs conviennent particulièrement pour cette mission; un fusil-mitrailleur et la demi-section de queue comme soutien prennent position jusqu'à l'arrivée de la compagnie suivante qui procède de même; le deuxième fusil avec la deuxième demi-section est ensuite laissé en arrière si une nouvelle menace se produit. Les deux fractions ainsi laissées en arrière marchent d'abord avec la compagnie suivante, puis regagnent leur place au premier arrêt.

Les commandants d'unité ont toute initiative pour organiser ces petits détachements de fortune qui ne restent isolés que pendant quelques minutes. Si le terrain est accidenté, il convient de laisser la section de queue toute entière avec l'équipe de fusils-mitrailleurs.

De son côté, le commandant du groupe n'hésite pas à se servir de son artillerie pour coiffer les groupes ennemis qui gênent la marche, c'est même le premier moyen à employer et il suffit souvent pour mettre fin à ces incidents.

Si l'adversaire est nombreux et agressif, une des compagnies peut être vigoureusement attaquée; dans ce cas elle doit *s'arrêter toute entière sur place ou gagner rapidement la meilleure position défensive* qui se trouve dans son voisinage immédiat et s'y installer de manière à disposer de toute sa puissance de feu, ses flancs bien couverts par les sections d'ailes. La compagnie ainsi en position ne craint rien.

Si le terrain est couvert ou coupé, cette attaque peut se produire à l'improviste sous forme d'une véritable ruée ; dans ce cas, une vigilance très grande s'impose; dès que la menace est aperçue la compagnie prend son dispositif sur place de manière à ne pas être attaquée en mouvement. *Une troupe arrêtée en position de combat a le maximum de puissance et elle est peu vulnérable.* Si plusieurs unités sont attaquées simultanément, tout le groupe s'arrête et livre un *combat défensif*, chaque compagnie occupant un véritable point d'appui. Chacune d'elles peut user de la *contre-attaque à la baïonnette* pour se dégager de l'étreinte d'un adversaire mordant, mais celle-ci ne doit être prescrite que par le commandant d'unité et pour sa compagnie entière; elle est toujours très courte et limitée à un mouvement de terrain rapproché permettant de poursuivre ensuite l'ennemi par le feu.

Dans ce combat défensif, il importe que les commandants d'unité fassent preuve de sang-froid, de coup d'œil et sachent manœuvrer rapidement pour s'organiser défensivement.

Le problème n'est pas toujours simple, car une compagnie qui marche en colonne, échelonnée ou non, manœuvre et se déploie plus lentement qu'une unité marchant de front; pour accroître la rapidité de déploiement, je ne saurais trop vous recommander la formation *en colonne par un à deux pas de distance* entre les hommes, qui est à la fois une formation d'approche et une véritable formation de combat sur le flanc.

Les sections marchant ainsi ne sont pas plus vulnérables sur leur flanc que si elles étaient déployées en tirailleurs à deux pas et si elles ont à se déployer sous un angle quelconque, le déploiement en tirailleurs à deux pas est très rapide, les distances existant entre les hommes devenant les intervalles de déploiement, sans resserrement ni extension du front des sections.

Le déploiement à cinq pas sur le flanc d'une compagnie marchant en colonne par un normale, demande un temps appréciable; en cas d'attaque rapprochée, l'occupation d'une position est rendue laborieuse et, dans un corps à corps, l'unité manque de cohésion. Pour toutes ces raisons, l'intervalle de cinq pas, normal dans les avant-gardes et les arrière-gardes, doit disparaître dans les flanc-gardes. L'intervalle de *deux pas* répond mieux aux conditions du combat sur un flanc, où la *cohésion* et la *rapidité de manœuvre* priment tout; la colonne par un à deux pas et le déploiement consécutif à deux pas, permettent de réaliser ces désidérata.

Je ne vous ai parlé jusqu'ici que de la manœuvre de la compagnie flanc-garde et à dessein parce qu'elle a souvent à faire face à une menace imprévue et qu'elle ne doit compter d'abord que sur elle-même, mais ne croyez pas que cette compagnie soit oubliée; elle doit au contraire avoir la certitude qu'elle sera rapidement secourue en cas de danger. Non seulement les compagnies voisines doivent s'arrêter sur la position la plus favorable, voisine de leur emplacement, pour l'aider de leurs feux, mais le commandant du groupe doit faire agir immédiatement son artillerie, solliciter au besoin l'intervention immédiate de l'artillerie du gros et ne pas hésiter à lancer sa compagnie de réserve, en agissant sur un flanc de l'ennemi par une contre-attaque à la baïonnette.

Si le combat se généralise sur tout le front du groupe flanc-garde, le commandant du groupe mobile, prévenu, arrête la marche de l'ensemble.

Dès que le combat cesse, la marche est reprise par *glissement*, les unités restant à leur place respective.

Dans le cas où le terrain d'opérations est montagneux, la marche des groupes flanc-gardes doit être sensiblement modifiée. Le commandant du groupe flanc-garde place alors sur les points importants, au fur et à mesure de la progression du gros, des *flanc-gardes fixes*, généralement de la force d'une compagnie.

Ces flanc-gardes restent en position pendant tout l'écoulement du gros, puis sont retirées successivement de leurs emplacements, pour constituer de nouveaux échelons. Ces déplacements sont lents et fatigants pour les flanc-gardes, l'isolement des compagnies peut être parfois long et les exposer à de vifs combats; il leur faut déployer beaucoup d'énergie et manœuvrer défensivement comme nous l'avons indiqué, en attendant le secours des réserves.

c) GROUPE ARRIÈRE-GARDE

L'arrière-garde d'un groupe mobile n'a pas pour but, comme dans la guerre métropolitaine, de permettre à un gros de troupe de s'écouler, et n'a pas à se sacrifier pour lui. Une telle doctrine pourrait entraîner pour elle un accrochage grave, avec des pertes sensibles équivalant à un échec. Tous les groupes sont solidaires et doivent se prêter un mutuel appui dans la retraite comme dans l'offensive; on oppose ainsi à l'ennemi toutes ses forces, seul moyen encore connu d'éviter un insuccès.

Le combat en retraite est grevé, au Maroc, d'une lourde servitude, celle de *ne rien laisser entre les mains de l'ennemi*. Celui-ci connaît les difficultés de nos marches en retraite ; même lorsqu'il n'a pas résisté à notre offensive, il attend avec impatience le commencement de notre repli pour s'élancer à notre suite.

La manœuvre classique et efficace consiste à opposer à l'adversaire des *échelons successifs* aussi forts que possible, dont l'un sert de repli au précédent.

Supposons un bataillon arrière-garde constituant le premier échelon attaqué. Ce bataillon a trois compagnies en ligne et une en réserve ; la ligne est couchée, les fusils-mitrailleurs et les mitrailleuses sont en action, déterminant en avant de la position, une véritable zone de mort. L'artillerie de groupe renforcée de celle du gros se répartit ce front, appuyant de son barrage lent, mais continu, l'action de l'infanterie. Les flancs de la position sont gardés par les groupes flanc-gardes, tandis qu'un échelon de repli, formé d'un autre bataillon, est envoyé avec une partie de l'artillerie sur une nouvelle position défensive à 1000 ou 1200 mètres en arrière.

Dès que cet échelon est placé, que son artillerie a réglé son tir, l'arrière-garde qui forme le premier échelon se replie sans laisser le moindre détachement et franchit si possible sans arrêt, la distance qui le sépare du deuxième échelon. Ce mouvement de repli est délicat, son mécanisme a besoin d'être bien connu à l'avance par les unités, préparé dans ses détails, ordonné au moment propice et exécuté avec précision et méthode.

Toutes les unités de la ligne de feu doivent quitter la position ensemble, de manière que l'adversaire ne soupçonne pas le mouvement, ou du moins s'en aperçoive le plus tard possible ; il faut pour cela que les unités soient prévenues en temps utile et que le mouvement s'exécute sans le moindre bruit, par signaux ou par agents de liaison, allant du commandant du groupe aux commandants d'unité et de section.

L'exécution de ce repli a lieu en trois temps.

L'artillerie est d'abord dirigée en arrière pour rejoindre l'échelon de repli, puis l'infanterie se retire en deux échelons. Les mitrailleuses sont apportées à bras à la position d'abri où se trouvent les mulets et chargées rapidement; elles rejoignent alors le train de combat de l'unité et la section de réserve pour constituer *l'échelon lourd;* la ligne d'infanterie et les fusils-mitrailleurs portés à bras constituent *l'échelon léger*, qui se replie le dernier.

Ces deux échelons partent successivement à 5 ou 10 minutes d'intervalle, mais restent solidaires; l'échelon lourd, dont le commandement incombe alors au commandant de la section de mitrailleuses ou de la section de réserve, se conforme aux mouvements et aux arrêts de l'échelon léger. La distance à laquelle ils marchent l'un de l'autre dépend du terrain, 3 à 400 mètres en terrain plat, 100 à 200 mètres en terrain couvert.

Tous les échelons légers de la ligne de feu doivent se replier simultanément, au même signal, et en observant l'ordre et le silence le plus rigoureux. Ce mouvement a lieu généralement en *tirailleurs à cinq pas*, formation la moins vulnérable; mais si le terrain est très couvert et si la ligne est en formation de combat à deux pas, elle reste dans cette formation. Lorsque le terrain est d'un parcours difficile et défilé aux vues de l'ennemi, on prend la formation en ligne de sections par un.

Le retrait de la ligne de feu ne peut se faire dans de bonnes conditions que s'il n'y a plus d'accrochage rapproché.

Il ne faut donc partir que si l'on a *brisé l'agressivité de l'ennemi*. Si on est engagé dans un corps à corps, il faut au préalable refouler l'adversaire, soit par les feux, soit par une contre-attaque à la baïonnette, et avoir terminé ses évacuations.

Le repli commencé, il continue jusqu'à ce que la présence d'un nouveau blessé rende un arrêt nécessaire. Les serre-files arrêtent alors immédiatement la section, puis de proche en proche la compagnie est arrêtée toute entière pour faire face à l'ennemi, pendant que l'on procède à l'enlèvement du blessé. Chaque arrêt de ce genre constitue un temps perdu pendant lequel l'ennemi progresse vers les positions abandonnées pour ouvrir le feu à nouveau sur nous. Ces arrêts ont lieu par compagnies entières jusqu'à ce que les derniers blessés arrivent au train de combat de l'unité. *La compagnie est le plus petit élément qui puisse ainsi rester en arrière* ; si elle risquait d'être isolée, le commandant du groupe ferait arrêter le bataillon entier.

Lorsque l'ennemi a subi quelques arrêts sanglants sans avoir pu mordre et qu'il nous voit faire résolument tête, sans hâte, il n'insiste pas longtemps ; mais malheur à l'unité qui quitterait hâtivement sa position ; elle serait talonnée et accrochée, exposée à subir des pertes massives et dans l'impossibilité de relever ses morts et ses blessés.

La rapidité des évacuations est d'une importance capitale dans les combats en retraite ; elle permet de ne laisser personne entre les mains de l'ennemi, accroît la liberté de manœuvre des unités et diminue les chances d'un nouvel accrochage. Pour obtenir toute la rapidité voulue, il est nécessaire que les unités possèdent un mode d'évacuation auquel elles soient très exercées.

Nous préconisons le système suivant :

Evacuations par brancards de la ligne de tirailleurs jusqu'au train de combat de l'unité, *évacuations mixtes à mu-*

let et à brancards du train de combat de l'unité au poste de secours du bataillon, *évacuations à cacolet ou litière* du poste de secours sur l'ambulance.

A cet effet, il est nécessaire que chaque unité dispose de 2 brancards destinés à faire la navette entre la ligne de feux et le train de combat de l'unité, les brancardiers se tenant par groupes de deux, respectivement derrière la droite et la gauche de l'unité, de manière à être à portée des ailes comme du centre.

Au train de combat de la compagnie, simple relai, se trouve l'infirmier de la compagnie avec un ou deux autres brancards et un ou deux mulets haut le pied.

Plus en arrière au centre du dispositif, en un point défilé, se trouve le poste de secours du bataillon avec le médecin, deux ou trois infirmiers et les mulets de cacolet et de litière détachés de l'ambulance.

Dès qu'un tirailleur tombe sur la ligne de feu, le chef de section appelle immédiatement les brancardiers qui viennent le charger et l'emportent au train de combat avec son arme et son équipement. Si le blessé peut marcher, il s'y dirige seul. Aucun homme valide ne doit quitter la ligne de feu sans l'ordre du chef de section et seulement en cas d'urgence, si les brancardiers ne sont pas de retour.

Au train de combat de l'unité, le chef de la section de réserve est responsable des évacuations sur le poste de secours du bataillon. Il examine rapidement, avec l'infirmier, les blessés qui arrivent ; les blessés graves à la tête, à la poitrine, à l'abdomen ou à la jambe sont transportés immédiatement à brancard au poste de secours, par deux hommes de la section de réserve ; les blessés moins graves sont dirigés à pied ou sur un mulet haut le pied. Les armes suivent toujours les blessés, les tués sont transportés après les blessés.

Si la section de réserve est engagée, il convient de laisser au train de combat un gradé qualifié et quatre hommes pour assurer le service des évacutions.

Au poste de secours, le médecin secondé par quelques infirmiers, fait les pansements et évacue sur l'ambulance à l'aide des cacolets et litières mis à la disposition du bataillon par cette formation.

Si les unités sont détachées, il leur est attribué un certain nombre de ces cacolets et litières et elles peuvent évacuer directement sur l'ambulance, si le trajet est plus court. L'infirmier de l'unité doit examiner rapidement la blessure et être en mesure de faire un garrot.

Tel doit être selon nous, le mode normal des évacuations; on ne saurait songer à amener sur la ligne de feu des animaux de bât pour y charger un blessé, le groupe formé est vulnérable et ce procédé exige du temps.

Le relèvement des blessés par des brancardiers à pied d'œuvre et leur transport immédiat en arrière de la ligne de feu est discret et rapide. Le cycle aller et retour des brancardiers n'étant que de 2 à 600 mètres, leur rendement est appréciable; enfin, leur présence à proximité de la ligne de feu est très réconfortante pour les hommes et leur emploi permet de ne pas utiliser les hommes du rang au transport des blessés.

Il faut attacher une grande importance à cette question du relèvement des blessés, il constitue une véritable manœuvre sanitaire intimement liée à la manœuvre tactique et qui l'influence directement ; *la liberté de manœuvre et la rapidité de mouvements d'une unité qui combat en retraite sont fonction de sa capacité d'évacuation.*

Il me reste à vous dire un mot des combats en retraite en pays montagneux. Les échelons y occupent généralement des points d'appui d'altitude élevée qui rendent l'aide de l'artillerie plus aléatoire qu'en pays plat ou moyennement accidenté ; dans ce cas, l'infanterie accrochée ne doit compter que sur ses propres moyens, mais son armement lui permet de refouler l'ennemi et de rompre le combat ; l'artillerie prend alors comme objectif la crête que vient de quitter l'infanterie et que va couronner peu après l'ennemi. La crête dangereuse étant ainsi balayée pendant que l'infanterie marche, le soutien d'artillerie est des plus efficaces.

Le terrain montagneux a l'avantage appréciable d'offrir à l'unité qui se replie un défilement complet pendant un certain temps; dans ce cas, je ne saurais trop vous conseiller de parcourir les cheminements défilés au *pas gymnastique*, mais à condition que l'ordre le plus rigoureux règne dans les sections, ce qui suppose une troupe bien en main et instruite dans ce sens. On gagne ainsi rapidement du champ pendant que l'ennemi est obligé de monter pour gagner la position qu'on vient de quitter; puis on passe au pas dès que l'on retombe sous le feu de l'ennemi.

Dans ces mouvements de retraite, qui sont une dure épreuve pour les troupes, il appartient aux chefs de tout ordre de faire preuve de sang-froid, de méthode, et d'un esprit de solidarité absolue. La coordination précise des mouvements, le fonctionnement des échelons, sont parfois délicats; le commandement doit toujours adapter sa manœuvre aux conditions concrètes du combat et du terrain, c'est affaire de jugement et de sens tactique.

d) L'INFANTERIE AU BIVOUAC

Je ne saurais passer sous silence une des formes les plus caractéristiques du combat au Maroc, la défense d'un camp.

En Europe, le gros des troupes cantonne en profondeur sous la protection d'éléments de couverture qui tiennent le front dans la direction de l'ennemi. Ici, toutes les directions sont dangereuses, nous l'avons vu, un groupe mobile en opérations doit se garder de tous côtés. Le camp revêt la forme d'un polygone dont l'infanterie garnit les faces; les autres armes, les services et les convois prennent place à l'intérieur.

Je sortirais du cadre de cette conférence si je vous parlais de l'établissement des camps, je me bornerai seulement à préciser le rôle de combat de l'infanterie à qui incombe la mission de garder les faces et de les rendre inviolables.

Considérons une face de 600 mètres attribuée à un bataillon. La défense doit être envisagée au double point de vue d'une attaque par le feu et d'une rupture de la face. Dans le premier cas, on doit surtout éviter les pertes à l'intérieur du camp et s'efforcer de faire le plus de mal possible à l'assaillant; dans le second, il faut empêcher à tout prix l'ennemi de pénétrer dans le camp. Cette dernière éventualité peut avoir les conséquences les plus graves, c'est elle qui motive les précautions les plus minutieuses.

Le couvert est constitué par des murettes ou des tranchées de section continues, d'un profil aussi fort que possible, l'obstacle par un réseau de fil de fer Brun, doublé aux points particulièrement menacés et en avant les mitrailleuses. Toutes les unités du bataillon sont en ligne occupant un front de 150 mètres environ, elles conservent chacune *une section en réserve* destinée à contre-attaquer à la baïonnette, en cas de rupture sur le front de l'unité. Une ou deux compagnies sont placées en réserve générale par le commandant du groupe mobile, prêtes à se porter sur la face qui serait rompue.

Sur chaque face, couchant dans la tranchée, sont placées des fractions de piquet représentant le quart ou la moitié de l'effectif, suivant la gravité de la menace, mais la défense doit reposer principalement sur les mitrailleuses dont les emplacements sont déterminés de manière à leur donner des vues frontales aussi étendues que possible et leur permettre un flanquement complet des faces ; elles restent groupées en principe par section, mais chaque pièce doit avoir, par un simple déplacement du trépied, la possibilité d'agir de front et de flanc afin de répondre aux deux éventualités envisagées.

Les fusils-mitrailleurs doivent être placés de manière à compléter éventuellement l'action des mitrailleuses, mais leur emploi est moins avantageux la nuit et il convient de les considérer au même titre que les sections d'infanterie, comme une réserve de feux. Les équipes de grenadiers de chaque unité (V.B. et grenades à main) sont disposées aux emplacements où leur action est la plus indiquée, c'est-à-dire devant les angles morts; les lanceurs de fusées sont à leur poste près des mitrailleuses.

Une attaque par le feu se produit-elle, toutes les mitrailleuses qui voient l'objectif doivent intervenir instantanément. S'il est nécessaire de renforcer leur action, on fait intervenir les canons de faces, les fusils-mitrailleurs et les sections d'infanterie. Il convient d'exiger de tous ces éléments une discipline rigoureuse de feux et d'interdire toute consommation désordonnée de munitions. Le feu de salve est exclusivement employé par l'infanterie.

La *tentative de rupture* est plus grave parce qu'elle procède de l'idée de surprise. Les partis qui la tentent, souvent peu nombreux mais extrêmement audacieux, s'approchent sans bruit à la faveur d'angles morts et, sans tirer, se précipitent sur la face, armés de poignards, en accompagnant leur attaque de cris farouches.

C'est encore aux mitrailleuses qu'il importe d'intervenir instantanément et d'arrêter le flot assaillant sur les fils de fer; leurs chefs doivent faire fonctionner les fusées mises à leur disposition, en attendant la mise en train aussi lente que bruyante des projecteurs; les grenadiers interviennent à leur tour, puis, s'il y a lieu, les fusils-mitrailleurs et les piquets alertés, enfin les fractions au repos qui se portent aux tranchées.

On conçoit que dans une telle attaque, il ne suffise pas d'avoir des sentinelles vigilantes, il faut encore que toutes les dispositions d'alerte soient rigoureusement prises la veille, que chacun connaisse son rôle et puisse le remplir sans hésitation, dans l'obscurité la plus profonde; il faut surtout que toutes les dispositions de détail prises dans chaque organe de la défense, dans le service de piquet et de quart, assurent le *maximum de rapidité. Les mitrailleuses sont les organes principaux de la défense de nuit*, elles ont besoin de pouvoir entrer en action avant tout autre élément.

Cette question si importante de la sécurité des camps me conduit à vous dire un mot de la question très controversée des *grand-gardes*, qui nous intéresse tous dans notre rôle d'exécutants.

Doit-on placer systématiquement des grand-gardes à l'imitation de la guerre européenne, doit-on y renoncer complètement ou dans quelle mesure peut-on les admettre ?

La grand-garde porte en elle un danger; comme tout détachement isolé, elle constitue un appât pour l'ennemi, qui, n'osant s'attaquer au gros, est tenté de tomber sur elle avec toutes ses forces, dans le but de la détruire et de rapporter des armes et des munitions.

Il faut bien avouer que nos grand-gardes n'ont pas toujours obtenu un sort heureux, mais on en a déduit un peu prématurément qu'il ne fallait plus en envoyer, sans se demander si leur mauvais sort n'était pas imputable à l'insuffisance de nos dispositions, plus qu'à la puissance de l'attaque ennemie. Nous estimons que leur présence s'impose parfois, surtout en pays montagneux où il importe de mettre un grand camp à l'abri des hauteurs qui le dominent à moins de 1.500

mètres, mais il nous appartient de les organiser si fortement qu'elles assurent leur rôle de protection sans courir le moindre danger.

Une grand-garde doit constituer un *point d'appui absolument inattaquable*. Sur l'emplacement choisi, on devra établir un petit *fortin fermé* comportant un mur ou un retranchement pour tireur debout avec bastions flanquants, créneaux et un obstacle formé de trois rangées de réseaux Brun solidement fixés au sol et solidaires entre eux. Un tel retranchement peut être élevé en deux ou trois heures, pourvu que le groupe mobile dispose d'une réserve d'outils de parc, de fil de fer, de grands piquets, de sacs à terre et aussi de tonnelets afin d'éviter à la grand-garde une corvée d'eau pénible. Une compagnie de réserve lui sera donnée comme renfort de travailleurs, s'il est nécessaire.

Une compagnie placée en grand-garde et ainsi organisée, renforcée en mitrailleuses, fusils-mitrailleurs, grenades, cartouches et fusées, a une valeur défensive considérable. Son commandant ne peut désirer qu'une chose, c'est que l'ennemi ose l'attaquer en forces. Ce dernier subirait un échec sanglant, et la grand-garde descendrait le lendemain avec la fierté légitime d'un gros succès payé de pertes très légères.

Pour conclure, nous dirons qu'il ne faut placer de grand-gardes que si elles sont reconnues *indispensables* à la sécurité du camp, mais que dans ce cas, il faut les *constituer fortement* comme effectif et les rendre *inexpugnables*.

e) ACTIONS DE DÉTAIL

Nous venons d'examiner dans ses grandes lignes le combat de l'infanterie au Maroc, en considérant le bataillon comme l'unité tactique d'infanterie et l'élément fondamental de nos colonnes d'opérations, mais là ne se borne pas l'action de l'infanterie.

La progression, tantôt lente, tantôt rapide, de nos groupes mobiles, a pour corollaire l'occupation du pays conquis et l'accroissement continu du nombre de nos postes.

Il en résulte pour nous la nécessité d'exécuter, sur la périphérie des régions occupées, des actions de détail ayant les buts les plus divers, d'ordre politique ou militaire : création de postes, tournées de police, exécution de travaux de route, protection de moissons, convois de ravitaillement, corvée d'eau, de bois, etc.

Au risque de nous répéter, nous allons examiner la manière dont doivent opérer les détachements ainsi livrés à leurs propres forces parce que ces actions de détail sont du domaine de la vie courante au Maroc, celle que vous avez vécue hier et que vous vivrez demain.

Ces détachements à base d'infanterie, renforcés par des détachements de cavalerie et parfois d'artillerie, ont deux caractères communs : *l'isolement et la faiblesse de leurs effectifs* qui permettent toujours à l'adversaire de les assaillir avec des forces supérieures.

Notre ennemi est brave, il connaît parfaitement le terrain et recherche les *coups de main* qui lui rapportent du profit avec peu de risques.

Tout détachement isolé court donc un danger certain d'autant plus à redouter que les agresseurs sont les maîtres de l'heure, et savent choisir le moment où notre vigilance est en défaut. Ils savent observer le rythme trop uniforme de nos mouvements, et attendre que le calme de plusieurs semaines, de plusieurs mois, nous ait endormis dans un sentiment de sécurité trompeuse. Ils exécutent alors leur attaque avec une audace souvent incroyable et réussissent presque toujours.

Vous avez certainement le souvenir de quelques-uns de ces accidents survenus à des détachements qui se gardent mal et qui se traduisent par de nombreux tués et de nombreux fusils enlevés.

A voir leur fréquence on peut se demander s'il est réellement au pouvoir de ces petits détachements de les éviter. Je réponds nettement *oui* parce que ces coups de main ne réussissent que par la surprise, et qu'*une troupe bien commandée ne doit jamais être surprise.*

Examinons un peu le processus de ces surprises.

La troupe se trouve généralement en formation de marche par 2 ou par 4, les hommes font la causette dans l'atmosphère de tranquillité habituelle, lorsque tout à coup éclate sur elle une fusillade nourrie, et à bout portant, qui couche 10 à 15 hommes par terre. Désarroi bien naturel, les rangs se dispersent, chacun cherchant un abri contre la fusillade, avant que le chef ait eu le temps de prononcer un commandement pour placer sa troupe face à l'ennemi.

Les Marocains profitent du désarroi, s'approchent vivement au corps à corps, poignardent tout ce qui leur tombe sous la main et emportent prestement armes et ceinturons des morts et blessés, pendant que les quelques hommes épargnés se dispersent affolés. Si la troupe est en station, les faisceaux sont formés, sous la garde d'une sentinelle assoupie ou distraite; la surprise se produit de la-même manière, aussi soudaine et aussi terrible.

Il n'y a rien à tirer d'une troupe surprise, il faudrait quelques minutes aux hommes pour se ressaisir, mais le drame est trop court et ne le leur permet pas; quant aux gradés quelque soit leur sang-froid, il leur faut aussi quelques instants pour revenir de leur surprise s'ils ne sont pas blessés à la première décharge ; articulent-ils un commandement approprié aux circonstances, les hommes ne les entendent plus. Une troupe surprise n'est plus capable de manœuvrer et de se déployer en tirailleurs, elle est dissociée moralement et matériellement ; la surprise annihile momentanément toute discipline collective du rang et rend les hommes inconsciemment sourds à tout appel du chef.

Telle est la réalité, il serait vain de le nier ; à nous, de ne jamais nous mettre dans ce mauvais cas qui déshonore un chef.

Comment convient-il donc de procéder en pareille occurrence ?

La solution est simple; il faut *marcher toujours en formation de combat* dans les directions dangereuses, qui sont généralement en avant et sur un flanc, quelquefois en avant et sur les deux flancs : ligne de tirailleurs à 2 ou à 5 pas face en avant, en colonne par 1 à 2 pas sur les flancs.

En marchant ainsi, la troupe est toujours en éveil et elle est prête à répondre instantanément à toute agression subite. Reçoit-elle une décharge de l'ennemi à bout portant, elle a quelques hommes hors de combat, mais elle n'est pas dissociée. Elle est arrêtée immédiatement par son chef qui la forme face à l'attaque, ou si le temps manque, lui fait ouvrir le feu *sur place*, chaque homme tirant obliquement par rapport au rang.

La troupe est-elle chargée d'assurer une protection quelconque sur place, elle procède d'après le même principe en occupant les positions de combat favorables et en restant toujours *en formation de combat*. Si les circonstances le permettent, le gros peut être placé au repos en arrière, mais à proximité immédiat des positions, sous la surveillance de sentinelles doubles vigilantes et le contrôle permanent de gradés désignés.

Comme nous l'avons déjà dit plus haut à propos de la sûreté, on peut poser en principe qu'une troupe en formation de combat ne se désorganise pas, parce qu'elle n'est pas surprise complètement, que ses pertes sont réduites au minimum et que la manœuvre qu'elle doit exécuter pour faire face à l'attaque se borne au mouvement élémentaire de « face à l'ennemi ».

J'ajouterai que la vue d'une troupe marchant en formation de combat influence le moral de l'agresseur, lui fait perdre confiance et détermine souvent sa retraite après une première décharge. L'attitude d'un parti détermine souvent l'attitude du parti adverse.

J'attire enfin votre attention sur l'importance qu'il y a *à arrêter* d'abord une troupe surprise, avant de lui faire exécuter un mouvement de manœuvre, même aussi simple qu'un face à droite ou face à gauche; le commandement du chef risquerait d'être mal compris et il pourrait en résulter un faux mouvement, un malentendu entre le chef et la troupe. Le commandement énergique de « halte » s'impose au contraire à chacun, personne ne peut y échapper; il redonne du calme aux hommes et quelques secondes de réflexion au chef, qui juge s'il doit rester ainsi sur place ou se former face à l'ennemi.

J'insiste auprès de vous sur ces incidents, bien qu'ils ne vous apparaissent peut-être pas d'une grande importance. Ils ont en réalité une répercussion qui dépasse souvent leur cadre local; ils impressionnent défavorablement nos troupes qui finissent par les croire inévitables, et perdent la confiance qu'elles doivent avoir en elles-mêmes; elles augmentent comme tout échec que nous subissons, l'esprit guerrier de l'adversaire et lui procurent des munitions et des armes qu'il retourne ensuite contre nous.

Pour éviter ces insuccès, soyez *prévoyants et vigilants*, placez votre troupe en *formation de combat* aussi bien sur les flancs qu'en avant, *arrêtez* votre troupe si vous êtes assaillis de près, et sachez *d'avance* quels commandements vous aurez à faire en cas d'attaque, en avant, sur un flanc, en arrière.

En procédant ainsi vous n'aurez aucune surprise et l'ennemi pourra vous payez cher sa tentative avortée.

CONCLUSION

Les règles générales que nous venons d'indiquer pour la conduite de l'infanterie au Maroc ne constituent que des directives, qu'un cadre dans lequel le jugement de chacun doit se mouvoir librement à la recherche de la solution concrète qui convient le mieux à une situation donnée.

Devant une situation imprévue dont le danger apparaît avec soudaineté, il ne faut pas compter sur l'improvisation. Un chef, si calme soit-il, n'est certain de prendre une bonne solution que s'il a pris l'habitude de discuter des situations de guerres concrètes, d'envisager toutes les possibilités et les moyens d'y faire face.

Ce serait d'ailleurs s'illusionner que de se croire prêt au combat avec des données purement théoriques. Celles-ci n'ont guère de valeur sans une *instruction pratique* solide, faite en commun par les chefs et la troupe.

Apportez toujours dans votre commandement une précision poussée jusqu'à la minutie; faites comprendre à vos gradés et à vos hommes le pourquoi de chaque mouvement afin de stimuler leur zèle à la manœuvre et développer leur sens tactique.

Vous aurez ainsi une troupe instruite ne faisant qu'un avec vous et qui vous obéira avec confiance et sans hésitation.

Une troupe ne combat bien que si elle est parfaitement instruite.

A vous ensuite à savoir l'employer le jour venu par une décision juste et rapide, que vous trouverez aisément si vous avez dans votre savoir une confiance absolue et si vous conservez suivant la forte expression d'un de mes maîtres, le Général Cardot : « la tête froide et le cœur chaud ».

Meknès, 23 Octobre 1918.

Commandant FABRE.

IMP. RAPIDE, G. MERCIÉ & Cie
CASABLANCA

IMP. RAPIDE, G. MERCIÉ & Cie
CASABLANCA

www.ingramcontent.com/pod-product-compliance
Ingram Content Group UK Ltd.
Pitfield, Milton Keynes, MK11 3LW, UK
UKHW020512180726
13839UKWH00005B/2040